Demenz – aus dem Alltag im Pflegeheim

Ich mag keine Vorworte. Ich überfliege sie immer nur. Jetzt, wo ich mein eigenes erstes Buch schreibe, stelle ich jedoch fest, dass bestimmte Aussagen in keine Geschichte passen – also brauch auch ich ein Vorwort.

Ich danke meiner Kollegin Ulli, dass sie mich motiviert hat, diese Geschichten aufzuschreiben. Ich hab immer wieder mal gesagt „Man könnte ein Buch schreiben!", es aber nie wirklich ernst gemeint. Bis Ulli kam und sagte „Mach doch!". Sie hat mir geholfen, aus meinen Geschichten ein Buch zu machen und mir gesagt, dass ich dieses Buch auch jemandem widmen kann, was ich hiermit tue:

Mein lieber Ehemann, ich hoffe auf ein gemeinsames Altern mit dir und widme dir dieses Buch, damit du dich jetzt schon mal informieren kannst, was mir gut tut, wenn ich mal an Demenz erkranke!

Die Geschichten, die hier zu lesen sind, haben sich tatsächlich so ereignet. Die Namen sind aus datenschutzrechtlichen Gründen geändert.

Petra Förster

Demenz – aus dem Alltag im Pflegeheim

Erfahrungen und Erlebnisberichte einfach
beschrieben - für eine erfolgreiche
Kommunikation
mit Dementen

Bibliografische Information der Deutschen Nationalbibliothek:
Die Deutsche Nationalbibliothek verzeichnet diese Publikation in der Deutschen Nationalbibliografie; detaillierte bibliografische Daten sind im Internet über http://dnb.dnb.de abrufbar.

© 2015 Petra Förster

Herstellung und Verlag: BoD – Books on Demand, Norderstedt

ISBN: 9783738636352

Die Frau im Spiegel

Ein typisches Zeichen für Demenz ist, dass sich der Betroffene im Spiegel teilweise nicht mehr erkennt. Das kann zu den unterschiedlichsten Reaktionen beim Erkrankten führen – hier einige selbst erlebte Beispiele:

Eine demente Frau zieht ins Heim und die Leiterin der Einrichtung zeigt ihr stolz das ihr zugeteilte Zimmer. Die Dame lächelt und scheint sich wohl zu fühlen, denn sie wiederholt immer wieder „Schön ist es hier, schön ist es hier!". Als sie in das angrenzende Bad geführt wird, beginnt sie plötzlich, laut vor sich hin zu schimpfen, was sich bis zum lauten Schreien steigert. Alle Anwesenden sind erschrocken und folgen dem entsetzten Blick der Dementen – und schauen genau wie sie in den Spiegel. Das dort zu sehende Gesicht bietet eigentlich keinen Grund zum Schreien – die Dame ist noch recht attraktiv – aber sie erkennt sich nicht. Sie glaubt, eine Fremde zu sehen und hat Angst…! Nachdem sich diese Szene jedes Mal beim Betreten des Bades wiederholte, wurde der Spiegel mit bunten Tüchern verhangen – und die Angst war besiegt.

Herr Zimmermann stand morgens vor dem Spiegel und erhielt von mir die Aufforderung, sich das Gesicht einzucremen. Nachdem er darauf keine Reaktion zeigte, fragte ich ihn, ob ich ihm etwas Creme ins Gesicht geben kann, worauf er nickte. Ich tupfte ihm auf Stirn, Wangen und Kinn einen Punkt seiner Lieblingscreme und bat ihn, in den Spiegel zu schauen. Er folgte der Aufforderung, blickte in den Spiegel und sagte „Na, das sieht ja komisch aus!" Er sah sich sein Spiegelbild lange an, zeigte aber keine Reaktion. Daraufhin erklärte ich ihm, dass er die Creme nun im Gesicht verteilen müsse, um wieder hübsch auszusehen. Herr Zimmermann überlegte scheinbar, was nun zu tun sei – plötzlich streckte er die Arme nach vorn und begann, das Gesicht im Spiegel liebevoll einzucremen. Mehrfach versuchte er, die Cremepunkte im Spiegel-Gesicht zu verteilen, was ihm aber nicht gelang. Ausdauernd rieb er am Spiegel rauf und runter, war aber mit dem Ergebnis nie zufrieden. Um ihm ein Erfolgserlebnis zu verschaffen, umarmte ich Herrn Zimmermann von hinten und strich ihm wie nebenbei über die Wangen, wobei ich die Creme verteilte. Gleichzeitig rubbelte Herr Zimmermann am Spiegel und glaubte nun, die Creme-Punkte selbst verteilt zu haben. Strahlend schaute er mich an und sagte stolz: „Fertig!"

An einem schönen Frühlingstag wollte ich mit Herrn Schulze spazieren gehen. Früher war er beim Wanderverein „Flotte Sandale" sehr aktiv, aber nun wollten ihn die Füße nicht mehr so recht tragen. Ich entschloss mich, die Treppe zu meiden und stattdessen den Fahrstuhl zu nutzen. Da standen wir nun beide, hatten uns an den Armen untergehakt und warteten, dass sich die Tür des Aufzuges öffnet. Es dauerte nur wenige Sekunden und es geschah: die Tür öffnete sich, Herr Schulze blickte in den Fahrstuhl, der innen komplett verspiegelt war, sah sich und mich im Spiegel und sagte „Schade, der ist schon voll!"

Herr Müller, ein an Demenz erkrankter, netter älterer Herr, hatte gefrühstückt und klebte nun an Händen und Gesicht von der Marmelade, die er so gern aß. Ich begleitete ihn aus dem Speisesaal in sein Zimmer, um ihm beim Waschen von Händen und Gesicht behilflich zu sein. Außerdem konnte ich so sicher sein, dass er sich wirklich wäscht, denn die Aufforderung, dies zu tun, hätte er bis ins Zimmer vergessen. Herr Müller freute sich, dass jemand mit ihm ging und sagte „Na, junges Fräulein, kommst du mit?" (Ich genoss diesen Moment, wo er „junges Fräulein" zu mir sagte – ich bin keine 20 mehr und kann mich kaum noch erinnern, wann ich das zum letzten Mal gehört habe!). Ja, das junge Fräulein ging mit! Und es ging sogar mit bis ans Waschbecken, öffnete den Wasserhahn und sagte „So, jetzt können sie sich mal das Gesicht und die Hände waschen!" Herr Müller tat, was ich ihm gesagt hatte, blickte danach auf, sah in den Spiegel und erstarrte. Mehrmals schaute er zwischen meinem Speigelbild und mir hin und her, wobei seine Augen immer größer wurden, und rief plötzlich: „Oh, Gott, jetzt kommen die schon zu zweit!"

Was kann man aus diesen Erlebnissen lernen? Nicht jeder Demente erkennt sich oder andere Menschen im Spiegelbild (Bekannt ist doch auch der Spruch „Ich kenn dich nicht, aber ich wasch dich trotzdem!" – Das trifft hier zu!).

Es kann hilfreich sein, den Spiegel zu verhängen. Ein Dementer, der glaubt, gerade 40 zu sein, erkennt den alten Mann im Spiegel natürlich nicht. Abgesehen davon –ich fühl mich auch nicht immer so alt, wie ich manchmal aussehe.

Die Haustiere

Lotti hörte schwer. Lotti hörte sehr schwer.

Lotti war Anfang 80 und in den 1920er Jahren in einen Bauernhof hinein geboren. Landwirtschaft und Tiere gehörten für sie von Anfang an zum Leben dazu, und so war es auch nicht verwunderlich, dass der Mann ihrer Träume auch ein Bauer war. Doch die Zeiten der Zweisamkeit waren für Lotti nur kurz – der Mann starb im Krieg, Kinder wurden in der kurzen Ehe nicht gezeugt. Die junge Witwe hat nie wieder geheiratet und musste den Hof alleine bewirtschaften.

Die Jahre der anstrengenden Arbeit hatten ihre Spuren hinterlassen – Lotti war Anfang 80, sah mindestens genauso alt aus und musste aufgrund kaputter Knochen im Rollstuhl sitzen. Und sie hatte natürlich jede Menge Lebenserfahrung – die mir zu diesem Zeitpunkt eindeutig noch fehlte. Mit Lotti erlebte ich die ersten Monate im Pflegealltag – ich war jung und unerfahren, wollte aber alle mir anvertrauten Menschen glücklich machen.

Zu all den alterstypischen Erkrankungen kam noch die Schwerhörigkeit dazu. Lotti selbst gab es nie zu, dass sie nur noch einen Teil der Gespräche wirklich verstand („Ich hör doch nicht schwer! Die reden alle so leise!"). Deshalb trug sie auch kein Hörgerät – warum auch – sie hörte ja nicht schwer. So kam es zu manchem Missverständnis, aber immer lag es an den Anderen.

Trotz allem – oder gerade deswegen - hatte ich Lotti ins Herz geschlossen. So nutzte ich jede mögliche Gelegenheit, um ihr einen Wunsch zu erfüllen. An einem schönen Frühlingstag fuhr ich mit Lotti spazieren. Ich setzte sie in den Rollstuhl, legte ihr eine Decke über die Beine und fuhr mit ihr in die Frühlingsluft. Wir bestaunten die ersten Frühblüher und unterhielten uns. Ich erzählte von meinem kleinen Sohn, sie erzählte von früher. So fuhren wir eine Weile vor uns hin, wobei ich immer sehr laut reden musste, damit mich Lotti verstand. Üblicherweise schiebt man einen Rollstuhl von hinten, so dass ich Lotti beim Sprechen nicht ins Gesicht schauen konnte und sie mich noch schlechter verstand. So kam es zu folgendem Dialog:

Ich fragte:"Lotti, hattest du eigentlich früher viele Haustiere?", worauf sie in ihrem Dialekt antwortete:

„Nu, eene vurne und eene hinten, aber mir sind immer vurne rein, hinten die hat geklemmt!"

Das war für mich eine gute Lektion: schwerhörige Menschen sollten immer direkt und von vorn angesprochen werden, damit sie (obwohl sie ja eigentlich nicht schwer hören!!) zusätzlich von den Lippen ablesen können. Dann hätte auch Lotti verstanden, dass ich mich für ihre Haustiere interessiert habe und nicht für ihre Haustüre!

Frau Müller hat sich verändert

Frau Müller, unsere gute Frau Müller, war stets eine Frau, die trotz ihrer 88 Jahre an jeder Veranstaltung in der Einrichtung teilnahm, an jedem Freizeitangebot aktiv mitwirkte und zur Freude der Mitarbeiter immer einen flotten Spruch auf den Lippen hatte.

Ihre beginnende Demenz verbarg sie hinter Sprichwörtern, die sie zu jeder Tages-und Nachtzeit ohne Schwierigkeiten zitieren konnte. So hatte sie für sich eine Möglichkeit geschaffen, mit dem Vergessen besser umgehen zu können, und von vielen ihrer Mitmenschen bekam sie sogar noch ein Lob dafür. Jeder mochte sie und ihre Fröhlichkeit wirkte meist ansteckend.

Aber seit ein paar Tagen war Frau Müller nicht mehr die Alte. Sie kam nur noch zu den Mahlzeiten aus ihrem Zimmer, war sehr still geworden, und auch das Lächeln war aus ihrem Gesicht verschwunden. Alle waren besorgt um sie, aber sie beantwortete keine unserer Fragen. Jeder wollte wissen, was sie denn so bedrückt, ob sie Schmerzen habe oder sich sonst in irgendeiner Art unwohl fühle. Aber Frau Müller antwortete immer nur: „Ach, Kinder, macht euch keine Sorgen um mich, es ist alles in Ordnung!"

Dass nicht alles in Ordnung war, sahen wir selbst –wir konnten jedoch nicht erkennen, was es war. So zog sich das über mehrere Tage hin. Wir verrichteten die wenigen pflegerischen Arbeiten im Zimmer der Bewohnerin, die sie von uns in Anspruch nahm, und versuchten, sie irgendwie aufzumuntern.

Da ich wusste, dass Frau Müller liebend gern bunte Illustrierte las, brachte ich ihr eines Morgens eine solche mit. Nicht, dass ich mich dafür interessierte, aber meine ebenfalls hochbetagte Oma informierte sich liebend gern darüber, was in der Welt der Reichen und Schönen so passierte. Die ausgelesenen Zeitungen sammelte sie für mich, da sie wusste, dass es dafür weitere Interessenten in meinem Pflegeheim gibt.

Als ich nun die Zeitschrift auf den Tisch von Frau Müller legte, hoffte ich auf das mir bekannte Leuchten in ihren Augen, dass ich sonst immer als Dankschön erhielt. Komischerweise blieb es heute aus – stattdessen kullerte eine dicke Träne über ihr Gesicht. Ich schaute mir das Titelblatt der Zeitung an (vielleicht hatte Frau Müller eine tragische Schlagzeile über einen ihrer Lieblingsprominenten gelesen?!) – aber da war nichts Aufregendes. Was war die Ursache für die Träne, die sich da gerade ihren Weg bahnte?

Frau Müller antwortete mir auch heute nicht auf meine Fragen - die einzige Antwort war: „Mädel, das ist Alles lieb gemeint, aber du kannst mir nicht helfen!".

Ich erledigte meine Arbeiten im Zimmer der Bewohnerin und wollte schon den Raum verlassen, als ich sah, dass Frau Müller ihre Lesebrille in eine Blumenvase gesteckt hatte. „Na, die wird sie doch sicher suchen!", dachte ich so bei mir. Ich holte also die Brille aus der Vase und stellte fest, dass durch die Gläser dieser Brille kaum noch ein Lichtstrahl durchdringen konnte. Diverse Kosmetikreste verklebten die Brillengläser und ließen diese wie Milchglas erscheinen. Pflichtbewusst begann ich die Brille zu putzen und war erst zufrieden als sie streifenfrei glänzte.

Frau Müller hatte inzwischen in ihrem gemütlichen Sessel Platz genommen und schaute traurig auf die Illustrierte, die immer noch vor ihr auf dem Tisch lag. Die Brille, die ich ihr reichte, nahm sie nur zögernd entgegen. Langsam setzte sie die Brille auf und plötzlich wurde aus dem eben noch traurigen Blick ein ungläubiges Staunen.

Dann huschte ein Strahlen über ihr Gesicht – und ich stand da und hatte nicht die geringste Ahnung, worüber sich Frau Müller gerade so freute. Bevor ich mich recht besann, war Frau Müller aufgesprungen (ja, das ging wirklich unheimlich schnell!), mir um den Hals gefallen und lachte und lachte.

Als sie mein verdutztes Gesicht sah, begann sie mir zu erklären:

„Ich bin dir so dankbar! Ich hatte in den letzten Tagen so eine Angst, dass ich blind werde! Ich hab beim Lesen kaum noch einen Buchstaben erkannt, und bei der Waltraud hat das damals auch so angefangen als sie blind geworden ist. Ich hab gedacht, ich hab bestimmt den grauen Star! Und jetzt erkenne ich alles wieder!"

Wenn es doch tatsächlich so einfach wäre, diese Augenerkrankung zu heilen! Einmal ordentlich Brille putzen und der graue Star ist weg! In Gedanken sehe ich mich gerade in einer überfüllten Augenarztpraxis: „Der Nächste bitte!".

Meine Frau Müller jedenfalls, war schlagartig wieder unsere agile und lebensfrohe Bewohnerin und lässt sich seit diesem Tag täglich ihre Brille von uns putzen.

Hauptsache bequem

Sie hatte es nicht immer leicht. Frau Bläsche hatte schwere Zeiten hinter sich. Ihr Leben war geprägt von schwerer körperlicher Arbeit, von Existenzängsten und Verlusten. Aber sie hat das Beste daraus gemacht: ihre drei Kinder waren wohlerzogen, dankbar und stets um das Wohl ihrer Mutter bemüht. Sie wollten ihr so viele Wünsche erfüllen – aber Frau Bläsche hatte keine Wünsche. Sie war es nicht gewohnt, an ihre eigenen Bedürfnisse zu denken – stets hatte sie sich um andere gesorgt und deren Wünsche erfüllt – und sie selbst hatte sich hintenan gestellt.

Die 76-Jährige hatte viele Krankheiten, klagte aber nie. Als sie rollstuhlbedürftig wurde und ihr Zimmer kaum noch verlassen wollte, bekam sie von ihren Kindern einen modernen Fernsehsessel geschenkt. Er hatte viele Funktionen und ließ sich leicht bedienen. So genoss Frau Bläsche das Fernsehprogramm in allen erdenklichen Positionen – mal legte sie ihre Beine auf die automatisch ausfahrende Fußstütze, ein andermal schlief sie vorm Fernseher in der ach so bequemen Liegeposition ein. Und für uns – das Pflegepersonal – war der Sessel auch eine Hilfe – mit seiner Aufstehfunktion brachte er Frau Bläsche aus dem Sitzen fast in den aufrechten Stand. Für das schmerzende Kreuz von Pflegekräften eine echte Entlastung!

Frau Bläsche war immer der Meinung, dass „so ein modernes Zeug" nur von technisch begabten Menschen bedient werden sollte – und sie zählte ihrer

Meinung nach nicht dazu. Also ließ sie sich von uns nach ihren Wünschen positionieren und nahm das zum Sessel gehörige Bedienteil nicht in die Hand.

Wie immer nach dem Mittagessen wurde Frau Bläsche auch an diesem sonnigen Frühsommertag in ihren Sessel gesetzt. Meistens schaute sie sich Tiersendungen im Fernsehen an, manchmal ließ sie sich den Sessel aber auch an ihr großes Panoramafenster schieben, um dem Treiben vorm Haus zuzusehen. So auch heute. Ich schob die Gardine zur Seite und brachte Frau Bläsche in die von ihr bevorzugte Liegeposition. Die Sonne blinzelte zum Fenster herein, leise Musik klang aus dem Radio und der Mittagsruhe stand nichts mehr im Wege. Mit den besten Wünschen verließ ich das Zimmer und ging meiner Arbeit nach. Ich war mir sicher, meine Schützlinge gut versorgt zu haben und vertiefte mich in die erforderliche Dokumentation.

Plötzlich wurde unsere Wohnbereichstür äußerst schwungvoll aufgerissen und eine mir unbekannte Dame stürzte herein. Bevor ich sie nach dem Anlass ihres Besuches fragen konnte, schmetterte sie los:" Sie müssen unbedingt mal in einem der hinteren Zimmer nachsehen – da steht eine Frau am Fenster, lehnt den Kopf an die Scheibe und ruft immer „Hilfe, Hilfe!"

Ich lief sofort los – zuerst in das Zimmer der stark dementen Bewohnerin, die manchmal glaubte, gefangen zu sein und dann um Hilfe rief. Doch sie lag in ihrem Bett und schlief – kein Hilferuf war zu hören. Also konnte ich nur systematisch vorgehen – ich kontrollierte Zimmer für Zimmer – und landete letztendlich bei Frau Bläsche, die – wie ich glaubte – selig schlummernd in ihrem Sessel liegen müsste.

Irrtum: sie lag nicht – sie stand. Die alte Dame wollte wohl alleine aufstehen – warum auch immer – und hatte sich nun doch an das Bedienteil des Sessels herangewagt. Irgendein Knopf wird schon der Richtige sein – so viele gibt's da ja nicht! Sie hatte den Erstbesten gedrückt und nicht mehr losgelassen. Nun stand sie da: sie hatte die Aufstehfunktion aktiviert und wurde prompt vom Sessel in die Senkrechte gebracht. Den Sessel hatte ich extra nah ans Fenster geschoben, damit sie gut rausschauen kann – das wurde ihr jetzt zum Verhängnis. Frau Bläsche stand aufrecht, aber von „freiem Stand" konnte nicht die Rede sein – vom sich aufrichtenden Sessel wurde sie direkt an die Scheibe transportiert – und dort lehnte sie jetzt mit der Stirn! Nach vorn ging es also nicht weiter, aber nach hinten auch nicht, denn da stand der immer noch aufgerichtete Sessel. Kein Wunder, dass sie nach Hilfe rief!

So schnell ich konnte, befreite ich Frau Bläsche aus ihrer misslichen Lage, konnte mir dabei allerdings ein Lächeln nicht verkneifen. Es war doch ein zu komischer Anblick!

"**Schwester Sara**"

In allen (teil)stationären Pflegeeinrichtungen gibt es Hebe- und Transfertechnik um, einerseits für in ihrer Mobilität eingeschränkten Personen einen möglichst sanften Transfer zu gewährleisten, und andererseits dem Pflegepersonal diese Tätigkeiten größtmöglich zu erleichtern. Damit ist es dem Pflegepersonal möglich, in ihren körperlichen Funktionen eingeschränkte Bewohner zum Beispiel in die Bade- oder Pflegewanne zu heben, ohne dabei mehrere Pflegepersonen in Anspruch nehmen zu müssen. Mit einfachen Handgriffen wird ein Gurtsystem um den Körper des Pflege- oder Hilfebedürftigen geschlungen und am so genannten „Lifter" befestigt. Durch einen Knopfdruck hebt das Gerät seinen Arm und befördert damit den im Gurt sitzenden Bewohner in die Badewanne – oder wo auch immer er hintransferiert werden soll.

Ein ähnliches Hilfsmittel gibt es auch, um Menschen aus dem freien Sitz in den Stand zu bringen – genannt „Aufstehhilfe". Mit deren Hilfe können Bewohner mit einer Halbseitenlähmung oder eingeschränkter Funktion der unteren Extremitäten aufrecht stehen. Beispielsweise bei der Vor- und Nachbereitung des Toilettengangs erweist sich dies als sehr vorteilhaft (dies bedeutet nicht, dass unsere Bewohner im Stehen Wasser lassen (müssen) – gemeint ist die Erleichterung beim Hosen runter- und wieder hochziehen!).

Viele dieser Hebe- der Transfergeräte haben herstellerbedingte Identifikationsnummern, manche auch Namen. Die neueste Errungenschaft der Einrichtung, in der ich arbeitete, trug den Namen „Sara" und war eine der so genannten Aufstehhilfen. In zartem mintgrün kam sie daher, griff mit ihren steingrauen Gurten gefühlvoll unter die Arme der Bedürftigen und brachte sie sanft und sicher in den aufrechten Stand. Ohne dabei, wie es im Pflegealltag auch passiert, zu ächzen und zu stöhnen oder sich gar selbst zu verletzen.

Der hochbetagte Herr Lehmann war ein treuer Nutzer des neuen Hebegerätes. Mehrmals täglich wurde er auf eigenen Wunsch damit aus seinem Rollstuhl gehoben und zur Toilette gebracht (und natürlich wieder zurück gebracht).

Durch dieses häufige Miteinander erwuchs eine verlässliche Beziehung zwischen Bewohner und Gerät, welches Herr Lehmann inzwischen liebevoll „Schwester Sara" nannte. Meist flüsterte er den Pflegekräften nur noch „Ich brauch die Schwester Sara!" zu und jeder wusste, was zu tun ist.

An einem eher trüben Herbsttag ging es Herrn Lehmann nicht gut. Sein Herz klopfte einen ungewohnten Rhythmus, der Blutdruck war jenseits von Gut und Böse und es Herrn Lehmann anzusehen, dass er sich nicht gut fühlte. Da Herr Lehmann nicht mehr auf meine Ansprache reagierte, war es Zeit für einen Anruf in der Rettungsleitstelle. Der angeforderte Rettungsdienst war schnell da – aber Herr Lehmann war schneller. Als die Rettungsassistenten eintrafen, war unser Bewohner bereits wieder bei Bewusstsein. Aufgrund der kritischen Vitalwerte war es dem nun auch eingetroffenen Notarzt dennoch wichtig, Herrn Lehmann mit ins Krankenhaus zu nehmen.

Ich erklärte Herrn Lehmann nun so einfühlsam wie möglich, dass es für ihn sicher nicht angenehm ist, in die Klinik zu gehen, aber doch besser wäre, um die Ursachen seines Unwohlseins abzuklären.

Herr Lehmann sah mich daraufhin ein bisschen traurig an, nickte dann aber verständnisvoll. Er schaute alle Anwesenden mit großen Augen an – erst den Notarzt, dann dessen Fahrer, danach die beiden Rettungsassistenten und zum Schluss wieder mich. In die Stille hinein sagte er plötzlich „Gut, ich fahre mit ins Krankenhaus, aber vorher will ich noch mal auf die Schwester Sara!"

Die einzige, die jetzt nicht völlig sprachlos war, war ich. Die Gesichter der Männer, die besorgt neben Herrn Lehmann standen – unbeschreiblich!

Während ich verstand, dass Herr Lehmann vor der Abfahrt nur noch einmal auf Toilette musste, konnte ich die Gedanken der anderen Anwesenden in ihren Gesichtern lesen und schmunzelte in mich hinein.

Heute gibt es Apfelsinen!

Wer hat sich die nicht manchmal gewünscht: Apfelsinen! Alle, die nach 1990 geboren wurden, können sich das nicht vorstellen – alle andern haben es erlebt: Gab es im Konsum oder in der HO Apfelsinen, dann waren es entweder „Kuba-Apfelsinen", die zäh wie Schuhsohlen waren, oder aber man wurde von der netten Verkäuferin gefragt, aus wie vielen Köpfen die Familie denn besteht – dann wurden der Kopfzahl entsprechend viele Apfelsinen in die Tüte gepackt und der Mensch freute sich! Denn die genau abgezählten Orangen waren die „richtig Guten".

Hanni, eine hochbetagte, liebe Dame, hatte seit Jahren Demenz und verlor zunehmend die Fähigkeit, richtige Entscheidungen zu treffen. Aber sie war immer lieb und nahm die vom Pflegepersonal angebotene Hilfe gerne an.

Zu Hanni's Lieblingsbeschäftigungen gehörte das Essen. Alles Essbare, was Hanni sah, verschwand in Windeseile in ihrem Mund. Unwiederbringlich! Leider war Hanni nicht gerade wählerisch, und so kam es auch vor, dass das Brot in ihrem Mund ursprünglich vom Nachbarteller stammte und eigentlich einen anderen Magen füllen sollte. Aber jeder ist sich selbst der Nähste und so war es nicht verwunderlich, dass Hanni auf den Hunger ihrer Mitbewohner keine Rücksicht nahm.

In Hanni`s Mund landeten außer Mensch-ärgere-dich-nicht-Figuren, Knöpfen und Bausteinen auch Murmeln, Dekoartikel und Schraubverschlüsse von Wasserflaschen. Glücklicherweise konnte Hanni mit einem vor ihr Gesicht gehaltenen Stück Schokolade immer wieder zum Öffnen des Mundes bewegt werden, so dass die Gegenstände den Körper der alten Dame auf dem selben Weg verließen, wie sie in ihn hineingelangt waren.

Ein guter Geist des Hauses hatte nun beschlossen, den Tisch besonders schön zu gestalten, denn das Auge isst ja mit (hat schon mal jemand gesehen, wie ein Auge isst?). An jedem Platz lag ein Platzdeckchen – aus hygienischen Gründen natürlich aus Plastik. In hübschem Orange lachten dem Betrachter aufgedruckte, ziemlich echt aussehende Apfelsinenscheiben entgegen.

Auch Hanni hatte Freude an den schönen Farben und schaute sich die Deckchen lächelnd an. Sie wirkte äußerst interessiert, und das sonst meist fehlende Konzentrationsvermögen war plötzlich wieder da.

Alle freuten sich, denn Hanni wirkte glücklich. Da es Mittagszeit war, verließ die Altenpflegerin kurzzeitig den Raum, um das Mittagesen zu holen. Ungeplant wurde sie aufgehalten, und so blieb die kleine Gruppe um Hanni einige Minuten unbeaufsichtigt.

Als die Pflegerin mit dem Servierwagen, auf dem das dampfende Essen stand, zurück kam, fand sie Hanni zufrieden kauend vor. Aber das konnte ja gar nicht sein, denn sie selbst brachte ja gerade erst das Essen mit! Was hatte Hanni da im Mund?

Ja, tatsächlich – es waren die Orangenscheiben! Hanni konnte nicht mehr klar zwischen echt und unecht unterscheiden. Sie hielt die auf die Platzdeckchen gedruckten Apfelsinen für echt und hatte sie fein säuberlich ausgeschnitten – man kann schließlich die Schalen nicht mitessen!

Glücklicherweise erblickte das falsche Obst auf dem kürzesten Weg wieder das Tageslicht, und Hanni konnte ihr Mittagessen genießen. Ohne Orangenscheiben.

Ganz klar kann man Folgendes daraus lernen:

- Gestalte den Tisch für Demente so einfach wie möglich!
- Wähle klare Formen und Farben!
- Nimm alles weg, was nicht klar zu definieren ist!
- Platzdeckchen, bunte Tischdecken oder Servietten lenken vom Essen ab!

Und hier noch ein Hinweis: Die meisten Dementen essen gerne süß. Auch wenn so mancher früher herzhafte Speisen bevorzugt hat – es kommt auf einen Versuch an!

Mein Otto

Getraude – von uns allen nur liebevoll „Traudel" genannt, hatte ihren Badetag. Badetag bedeutet: es geht in die Wanne! Und da – wie überall – auch im Pflegeheim nach Plan gearbeitet wird, gibt es auch hier einen so genannten "Badeplan". Jedem Bewohner wird ein Wochentag zugeordnet, an dem er in die Badewanne darf. Somit kann es nicht passieren, dass zum Beispiel am Montagmorgen plötzlich mehrere Bewohner auf einmal in die Wanne wollen. Die meisten kennen und lieben diesen Plan! Ordnung muss schließlich sein, und außerdem ist das Baden ja meist ein Höhepunkt. Da hat nämlich das Pflegepersonal mal Zeit für den oder die Badende, und in dieser ungezwungenen Atmosphäre schwatzt es sich ja auch gut.

Hier muss ich nun einmal anmerken, dass wir als Pflegepersonal unsere Bewohner nicht generell duzen. Alle werden mit dem entsprechenden Respekt behandelt und natürlich anfangs mit „Sie" und dem Nachnamen angesprochen. Im Laufe der gemeinsamen Pflegejahre ergibt sich aber oft ein Vertrauensverhältnis, im Rahmen dessen die Bewohner irgendwann ähnliche Äußerungen wie die folgende machen:

„Wir kennen uns jetzt schon so lange; Sie baden und duschen mich, Sie wissen, wie ich vorn und hinten nackt aussehe, und Sie kommen sogar nachts in mein Zimmer, wenn ich Sie gar nicht brauche – da können wir eigentlich auch "Du" sagen!" – So ergibt sich manches vertrauliche „Du", wobei der Respekt und die Achtung voreinander nie verloren gehen.

Nun aber zurück zu meiner eigentlichen Geschichte, sonst wird noch das Badewasser kalt!

Heute war also Badetag für Traudel. In ihrem zartrosa Bademantel kam sie gegen 9:30Uhr über den Gang geschwebt, strahlte mich schon von Weitem an und rief mir zu:

„Kann ich gleich baden kommen, oder willst du etwa erst noch frühstücken?" – Ich denke: „Nein, Traudel, warum sollte ich denn frühstücken wollen? Ich bin doch erst seit 4:30Uhr munter, habe mir bisher nur einen kleinen Happen zwischen die Zähne geschoben und maximal eine Tasse Tee im Bauch – warum also schon wieder essen und trinken? Und übrigens – der Tisch im Speisesaal, an dem du gerade vorbeigeschwebt bist, ist nur für die anderen Kollegen gedeckt!". Aber Traudel kann keine Gedanken lesen, und was ich ihr antworte, hat mit meinen Gedanken rein gar nichts zu tun: „Klar, komm gleich rein, ich hole nur noch deinen Badezusatz und was du sonst noch brauchst, dann geht's los!". Traudels strahlende Augen entschädigen mich, und das Knurren in meinem Bauch wird von ihrem „Das ist aber schön!" überstimmt.

Während Traudel durch die offene Badtür schlüpft, hole ich ihr frische Kleidung und Badetücher sowie ihr Duschkörbchen, in dem sich all ihre Pflegeutensilien befinden.

Als ich wieder ins Bad zurückkomme, steht Traudel vor mir – so wie sie von Gott erschaffen wurde – oder besser gesagt: 84 Jahre älter. Sie lacht wie immer, und winkt mir zu. „Ich freu mich, dass das mit uns beiden mal wieder klappt. Du bist doch meine liebste Bademutter!". Ich denke, " Ach Traudel, du tust mir einfach gut!".

Nach einigen Minuten riecht es im ganzen Raum nach Melisse und Traudel lächelt mir aus einem weißem Schaumberg entgegen. Nachdem sie sich mit meiner Hilfe gewaschen hat, schalte ich die große Beleuchtung im Bad aus und knipse die kleinen Sterne über der Wanne an. Dazu lege ich eine CD mit Entspannungsmusik ein, und Traudel, die das Ritual schon kennt, lehnt sich entspannt zurück und schließt die Augen. Sie genießt, und auch mir tun die Minuten der Ruhe gut.

Traudel erinnert sich an frühere Zeiten – ich sehe es an ihrer Mimik. Plötzlich öffnet sie die Augen und sagt: „Wenn mein Otto mich so nackig sehen würde…!" Ich antworte: „Nun, dein Otto wird dich wohl so gesehen haben…ihr wart viele Jahre verheiratet und habt doch auch zwei Kinder!". Traudel schaut mich schmunzelnd an und sagt „Na, was denkst du denn? Wir haben doch immer das Licht ausgemacht!"

Nun schmunzelte ich auch. Traudel war die gleiche Generation wie meine beiden Großmütter - ob das bei ihnen auch so war? Damals waren die Frauen so schamhaft, und heute? Viele ältere Damen haben heute kein Problem damit, auch mal von einem männlichen Pfleger geduscht zu werden, aber vor dem eigenen Mann haben sie sich nie nackt gezeigt: wie sich die Zeiten ändern!

„**Ich kann Validation!**"

Weiterbildung ist auch im Bereich der Pflege nötig. Es gibt immer wieder neue wissenschaftlich fundierte und gewinnbringende Erkenntnisse, die in der Praxis erprobt und umgesetzt werden wollen. Deshalb kann man allen in der Pflege Tätigen nur raten, sich regelmäßig fortzubilden.

Diesen Rat befolgte ich und ging wissbegierig und voller Vorfreude in die mehrtägige Weiterbildung zum Thema „Demenz". Die Schulung fand in zwei Blöcken zu je drei Tagen statt.

Die Themen der ersten Unterrichtseinheiten waren unter anderem „Ursachen und Symptome der Demenz", „Testverfahren bei beginnender Demenz" und „Validation".

Schon wieder ein Fachbegriff! Was mag nur "Validation" sein? Eine behandelbare Begleiterscheinung? Eine Infektionserkrankung? Oder ein medizinisch-technisches Gerät mit einer hundertseitigen Gebrauchsanweisung? Ich war gespannt!

„Validation", so unser Lehrmeister, bedeutet „unbedingte Wertschätzung" und ist eine Umgangs - und Kommunikationstechnik mit *dementiell* erkrankten Menschen. "Dabei wird die subjektive Wirklichkeit des Gegenübers so angenommen, wie er sie empfindet."

In der Praxis: Wenn sich die 90jährige, an Demenz erkrankte Dame gerade fühlt, als wäre sie 25 Jahre alt und müsse ihre kleinen Kinder versorgen, dann nehme ich als Pflegeperson diese Situation so an und gehe entsprechend auf die Dame ein.

Falsch wäre es, ihr erklären zu wollen, dass sie in ihrem hohen Lebensalter ja wohl keine kleinen Kinder mehr habe und sie bitte bedenken soll, welches Jahr wir schreiben. Diese Reaktion führt unweigerlich zum Konflikt. Die betreffende Person wird kein Verständnis zeigen – für sie ist ein Fenster zur Vergangenheit aufgegangen und sie erlebt und fühlt sich selbst als junge Frau.

Mit meinem neuen Wissen wollte ich die Welt verbessern und ging auf jeden, den ich traf, validierend ein. Gnadenlos! Ich hatte Verständnis für alles – mit Validation gab es plötzlich keine kritischen Situationen mehr! Das Nachthemd, dass sich eine ältere Dame um den Kopf gewickelt hatte, war jetzt auch für mich deutlich als Kopftuch zu erkennen; der Buntstift, den ein betagter Herr zum Essen nahm, ähnelte auch in meinen Augen plötzlich einem Löffel usw.

So integrierte ich siegessicher und unerbittlich eine validierende Gesprächsführung in meine berufliche Praxis bis ich eines morgens das Zimmer der Bewohnerin Frau Zimmermann betrat. Sie war zu diesem Zeitpunkt 93 Jahre alt und vor Jahren offensichtlich glücklich geschieden. Ich begrüßte sie wie jeden Morgen laut und deutlich mit „Na, guten Morgen, Frau Zimmermann, haben Sie denn gut geschlafen?", worauf aus dem Bett ein leises Stimmchen tönte: „Guten Morgen, Schwester! Wir müssen heute ganz leise sein! Mein Mann darf nicht wissen, dass ich heute so lange geschlafen habe und dass ich mit meiner Mutter Urlaub mache – sonst schimpft der!"

Dank meines neuen Wissens über Demenz und Validation sehe ich auch hier meine ganz große Stunde gekommen! Natürlich werden wir heute ganz leise sein – der Mann wird auch bestimmt nichts merken – versprochen! Und Urlaub mit der Mutter (wie alt wäre die wohl jetzt?) - ich beschließe sie, dem Anlass entsprechend, heute besonders schick anzuziehen und herzurichten.

Nach dem gelungenen Start in den Tag verlebt Frau Zimmermann glücklich und sorgenfrei einen schönen Tag – natürlich ohne Mutter, dafür aber auch ohne schimpfenden Ehemann!

Der nächste Morgen: ich will noch validierender als sonst sein und erkenne den Gefühlszustand von Frau Zimmermann- noch ehe sie sich selbst dessen bewusst ist. Was bin ich gut! Ich gehe also in das Zimmer, bin dabei ganz leise und wecke Frau Zimmermann mit den geflüsterten Worten „Guten Morgen Frau Zimmermann! Wundern Sie sich nicht, dass ich so leise spreche, aber ich möchte nicht, dass Ihr Mann erfährt, dass Sie so lange geschlafen haben! Außerdem soll er ja auch nicht erfahren, dass Sie heute noch einen Tag Urlaub mit Ihrer Mutter verbringen!"

Aus dem Bett blickten mich plötzlich zwei sehr verwunderte Augen an. Dann schlugen mir folgende Worte entgegen: „Junge Frau, sind Sie heute ein bisschen durcheinander? Von meinem Mann bin ich seit vielen Jahren geschieden und überlegen Sie mal: ich bin 93 Jahre alt – wie alt wäre denn meine Mutter jetzt, wenn sie noch leben würde?"

Peng – meine validierende Seifenblase war zerplatzt.

An dieser Situation lernte ich eindrücklich, dass Validieren von Erfolg gekrönt ist, wenn der Validierende aufmerksam beobachtet, in welcher Lebenssituation sich der Demente gerade emotional und gedanklich befindet. Dort kann er "abgeholt und begleitet" werden – die Vorlage dafür gibt jedoch immer der Erkrankte! Genau das lernte ich übrigens ein paar Wochen später im zweiten Teil der Weiterbildung.

Wie sollte ich nun reagieren, um mich vor Frau Zimmermann nicht völlig unglaubwürdig zu machen? Ich entschuldigte mich und sagte, dass ich sie wohl mit einer anderen Bewohnerin verwechselt haben muss.

Keine Angst vorm Tod

Wie schon in einer anderen Geschichte beschrieben, gibt es immer wieder Bewohner unserer Einrichtung, die gerne mit „Du" und ihrem Vornamen von uns angesprochen werden wollen. So auch Lotti. Sie war in jungen Jahren ein wahres Energiebündel, war bei jeder Feier dabei und dort auch meist der Mittelpunkt. Jeder im Dorf kannte und mochte sie. Kaum 1,50Meter groß, schlank und immer in Bewegung. Stets hatte sie einen flotten Spruch auf den Lippen, und wo Hilfe benötigt wurde, war Lotti zur Stelle.

Jetzt war allerdings die Zeit des Abschieds gekommen. Seit Wochen ging es Lotti nicht mehr gut, sie blieb nur noch im Bett und nahm nur noch wenig zu sich. Selbst von ihren Lieblingsspeisen aß sie nur kleine Happen. Aber ihre Fröhlichkeit hatte sie behalten. Auch wenn es ihr manchmal schon recht schwer fiel, schenkte sie uns immer ein Lächeln. Und das Strahlen ihrer Augen sprach mehr als die wenigen Worte, die sie kaum noch aussprechen konnte.

Ich hatte Dienst und übernahm freiwillig die sogenannte Sterbebegleitung. Es gibt Kollegen, die sich damit schwer tun, neben einem Sterbenden zu sitzen. Anfangs hatte ich damit auch Probleme, aber inzwischen empfinde ich es als eine dankbare Aufgabe. Es ist der letzte Dienst, den ich einem Menschen tun kann – ihn nicht alleine gehen zu lassen. Die meisten Sterbenden wünschen sich jemanden, der ihnen die Hand hält - ich habe nur wenige Menschen erlebt, die in den letzten Minuten alleine sein wollten.

So saß ich neben meiner Lotti, die mir mit ihrer Heiterkeit so sehr ans Herz gewachsen war. Sie lebte seit 17 Monaten bei uns, und nun wollte sie uns verlassen. Ich wusste, sie hat keine Angst vor dem Tod. Oft genug hatte sie zu mir gesagt: „Ich bin jetzt 93 Jahre alt, da könnte der liebe Gott mich eigentlich zu sich holen! Was soll ich denn noch hier rumkrabbeln, ich kann doch Platz für neue Menschlein machen!". Dabei klang ihre Stimme weder ironisch noch traurig. Sie hatte abgeschlossen und war bereit für den letzten Weg.

Lotti lag ruhig in ihrem Bett und atmete unregelmäßig. Die Abstände zwischen ihren Atemzügen wurden immer länger, der Puls sank. Mir liefen (bei aller Professionalität) dicke Tränen übers Gesicht, denn sie würde mir wirklich fehlen. Aber ich musste jetzt daran denken, dass es hier nicht um mich ging, sondern um Lotti. Und sie wollte gehen. Also wischte ich die Tränen weg und legte ihre schmale Hand in meine.

Wieder tat Lotti einen tiefen Atemzug. Seit Stunden hatte sie die Augen nicht mehr geöffnet und nichts mehr gesagt. Jeder Atemzug konnte der letzte sein. Aber Lotti hatte die Menschen oft zum Lächeln gebracht, und nun tat sie es wieder. Denn plötzlich drückte sie sanft meine Hand, öffnete die Augen und sagte mit einem Schmunzeln zu mir: „Ob mich mein Helmut noch erkennt?". „Bestimmt erkennt er dich, er ist doch dein Mann!", antwortete ich. Zufrieden schloss Lotti die Augen.

Es gibt sogenannte Nahtoderfahrungen, von denen Menschen berichten, die dem Tod sehr nah waren. Vielleicht hatte Lotti gerade so ein Erlebnis gehabt –

was auch immer es war – es hat sie zum Schmunzeln gebracht, und dafür bin ich dankbar.

Lottis Herz schlug nach diesem Erlebnis noch 4 Stunden. Sie hat in dieser Zeit die Augen nicht mehr geöffnet und auch nicht mehr gesprochen. Die letzte wahrscheinlich bewusste Wahrnehmung war ihr Helmut – Liebe, bis dass der Tod euch scheidet! Oder wieder vereint…..

Meine Oma

Gleich mal vorneweg: sollten die Gene meiner Oma sehr stark sein und sich bei mir durchsetzen, werde auch ich irgendwann dement sein. Meine Oma, die vor 3 Monaten im stolzen Alter von 92 Jahren verstorben ist, hatte Demenz.

Es fing ganz langsam an: anfangs suchte meine Oma regelmäßig ihre Schlüssel, ihr Geld oder ihre Krankenversichertenkarte. Meine Mutti, die sich jahrelang aufopferungsvoll um meine Oma kümmerte, bekam regelmäßig Anrufe mit der Bitte, doch schnell mal vorbei zu kommen, denn es fehlte wieder was. Der vermisste Gegenstand wurde meist schnell wieder gefunden, denn die „Verstecke" waren meiner Mutti bald bekannt: Schlüssel, Geld und Chipkarte fanden sich meist im Kleiderschrank wieder ein, aus dem dann so ganz nebenbei noch Joghurt und Kaffeesahne entfernt werden musste (da gnadenlos überlagert). Überhaupt hatte meine Oma mit einer gewissen Vorratshaltung angefangen. Sie kaufte Unmengen an Lebensmitteln ein. Sie war mobil, wanderte mit ihren zwei Unterarmgehstützen und ihrem Rucksack zum nächsten Discounter und lud den Rucksack voll. Da sie allerdings am nächsten Morgen nicht mehr wusste, dass sie ja am Vortag schon einkaufen war, ging sie wieder los und belud den Rucksack aufs Neue. Leider hat sie nicht so viel gegessen, wie sie eingekauft hat (es war auch definitiv zu viel für eine Person!), und so wuchs so manch einem Joghurt eine Schimmelmütze. Meine Mutti sorgte dafür, dass diese Lebensmittel ungesehen verschwanden.
Wahrscheinlich hätte meine Oma auch nicht ohne weiteres diese Nahrungsmittel weggeworfen, denn

durch entbehrungsreiche Kriegsjahre war sie sehr sparsam. Sie hatte Hunger zur Genüge kennengelernt….

Als sich das Krankheitsbild verschlimmerte, brachte meine Oma Termine durcheinander. Fast täglich machte sie sich auf den Weg in die Physiotherapie, denn sie war sich ganz sicher, dort einen Termin zu haben. Auch der Friseur war ein beliebter Anlaufpunkt, und meine Oma war sich ganz sicher, dass „die wieder den Termin bei sich nicht aufgeschrieben haben!". Schuld waren immer die anderen!

Bei weiter fortgeschrittener Krankheit bestellte Oma ihr Essen auf Rädern mehrfach, so dass sie an manchen Tagen drei Gerichte zum Mittagessen erhielt, aber nicht die Hälfte von einer Portion schaffte. Sie verlor an Gewicht, weil sie Mahlzeiten vergaß oder das Essen für ihren längst verstorbenen Ehemann aufhob.

Wir hatten Oma davon überzeugt, einen ambulanten Pflegedienst zu bestellen, der zur Entlastung meiner Eltern wenigstens einmal am Tag kam, um nach ihr zu sehen und ihr die Medikamente zu geben. Manchmal rief sie dann meine Mutti an und sagte, es sei mal wieder keiner da gewesen, was aber so nicht stimmte. Oma hatte es einfach vergessen.

Als die Gefährdung in der eigenen Wohnung für meine Oma immer größer wurde, da sie Kerzen brenne ließ, den Herd nicht ausschaltete und nachts fast nackt bei den Nachbarn klingelte, beschlossen wir, sie zur eigenen Sicherheit in eine stationäre Pflegeeinrichtung zu geben. Beim Ausräumen der Wohnung erlebten wir viele Überraschungen: Minikuchen, die so hart waren, dass man den Hof damit pflastern könnte; mindestens 40 Packungen Tee (und hier habe ich bestimmt untertrieben!), Lebensmittel, deren Haltbarkeitsdatum locker um 10 Jahre überschritten war und Medikamente in allen erdenklichen Farben und Formen.

Als sie ins Heim zog, blühte sie noch mal richtig auf. Sie wohnte vom ersten Tag an in der liebevoll eingerichteten Demenzstation, nahm an Ausfahrten teil und dank regelmäßiger Mahlzeiten auch wieder zu.

Die täglichen Anrufe bei meinen Eltern blieben trotz reichlich Ablenkung nicht aus, und so hatten auch meine Eltern weiterhin ihre regelmäßige Beschäftigung.

So fand meine Mutti beim Suchen des Schlüssels in einer Keksdose eingeweichte Taschentücher, angebissene Würste oder jede Menge Handtücher, die die Schwestern schon lange suchten.

Als meine Oma mal wieder völlig verzweifelt um Hilfe gebeten hatte, weil ihre Geldbörse fehlte, war meine Mutti auch dieses Mal sofort zur Stelle. Beide suchten intensiv nach dem Geldtäschchen, drehten jedes Kissen und jede Decke um, nahmen den Schrank auseinander und suchten im Kosmetikkörbchen, bis meine Oma plötzlich meine Mutter fragte „Du, was suchen wir eigentlich?" – Ja, da wurde wieder deutlich, dass die Demenz langsam aber sicher voranschritt.

Nachdem meine Oma von einem ihrer Ausflüge ins Zittauer Gebirge zurückkam, erzählte sie, sie sei in den Alpen gewesen und habe auch eine Stadtrundfahrt in Dresden mitgemacht.

Wir widersprachen ihr nicht, und sie freute sich, von ihren Erlebnissen berichten zu können.

Mit fortschreitender Demenz verwechselte sie immer mehr, und die Erlebnisse aus ihrer Jugend wurden wieder aktuell. So glaubte sie, bis vor wenigen Wochen noch Post in Schlesien ausgeteilt zu haben. Das war aber mindestens 60 Jahre her...

Ich habe ihr in diesen Situationen nie widersprochen, und sie fühlte sich verstanden. Für sie war ein Fenster zur Vergangenheit aufgegangen, und ich habe sie an diesem Fenster abgeholt und respektiert.

Menschen, die unerfahren im Umgang mit Demenz sind, versuche ich das Krankheitsbild wie folgt zu erklären:

Stellen sie sich ein großes Haus vor, das 10 Fenster in der Front und 1 Fenster im Dach hat. Aus dem Dachfenster schaut ein alter Mensch auf sein Leben zurück. Jedes der 10 Fenster steht für ein Lebensjahrzehnt. Ein nicht an Demenz erkrankter Mensch kann jedes dieser Fenster öffnen und sich erinnern.

Ein Dementer „verliert" zuerst die letzten Fenster, d.h. das Kurzzeitgedächtnis lässt nach und die Erinnerung an die letzten Tage, Wochen, Monate verschwindet. Dann verschwinden Jahre. Hin und wieder öffnet sich ein verloren gegangenes Fenster kurzzeitig wieder, aber meist bleiben sie verschlossen. Sind dann z.B. die Fenster der 30erJahre offen, dann erzählt der Demente, er habe Kinder, die gleich aus der Schule kommen und ihr Mittagessen brauchen. Dann will die 90jährige kochen, damit ihre kleine Tochter was zu essen hat.

Meine Oma wollte in den letzten Monaten manchmal Essen für Richard aufheben....Richard war mein Opa und ist vor über 30 Jahren verstorben….meine Oma hatte die letzten Fenster auch verloren….

Als meine Oma starb, war sie nicht alleine. Meine Eltern waren bei ihr, und dafür möchte ich ihnen an dieser Stelle danken!

Was essen Demente?
Eine gute und berechtigte Frage, denn meistens verändert sich mit dem Wesen und den Denkprozessen auch das Essverhalten. Menschen, die früher bevorzugt herzhaft gegessen haben, lieben plötzlich süße Speisen; oder der Morgen-Kaffee, ohne den die Oma sonst nicht aus dem Haus gegangen ist, wird auf einmal strikt von ihr abgelehnt, und statt dessen trinkt sie plötzlich Kakao!

Deshalb die Frage: was essen Demente? Meistens jedenfalls nicht das, was sie bestellt haben! Das durfte ich selbst mehrfach in der eigenen Familie erleben:

Es war eine jener Geburtstagsfeiern, die uns alle in gemütlicher Runde zusammenführte. Das Lokal war gut gewählt, das Essen bekannter Weise hervorragend, die Stimmung war gut. Der Kellner nahm die Bestellung auf: Oma brauchte wie immer lange, bevor sie sich für eine Speise entschied – Dementen fällt es nun mal schwer, Entscheidungen zu treffen. Oma bestellte sich Zunge mit Spargel und Kroketten, natürlich als Seniorenportion. Der Ober schrieb alle Wünsche sorgfältigst auf seinen Notizblock, um auch ja nichts falsch zu machen. Doch er würde noch merken, dass ihm das nichts nützte, denn Oma war ja da!

Das kleine Glas angewärmtes Bier, dass für Oma auf dem Tisch stand, war nur noch halb voll, als Oma plötzlich fragte „Wem gehört denn das Glas hier? Und warum steht denn das bei mir? Ich trinke doch gar kein Bier!". Das stimmte so nicht ganz! Oma trank zum Abendbrot in der Gaststätte immer ein kleines, lauwarmes Bierchen, und jedes Mal blieb ein klitzekleiner Schluck davon übrig („Das ist zu viel, dass schaff ich nicht mehr!").

Nachdem die Bierfrage nicht zu aller Zufriedenheit geklärt werden konnte, bekam Oma ein Glas Saft. Dem Wirt erklärte sie zuvor noch, dass er besser aufpassen müsse, wo er das Bier hinstellt, schließlich hatte sie ja keines bestellt! Er kannte uns und Oma seit Jahren, deshalb trug er es mit Fassung und schmunzelte.

Dann war es soweit: die Küchentür ging auf und uns wurde das dampfende Essen gebracht. Der Kellner erkundigte sich, wer das Schnitzel mit Bratkartoffeln bestellt habe, worauf meine Oma rief „Das ist meins!". Etwas verwirrt blickte der Kellner in die Runde, denn er war sich sicher, dass die Bestellung an diesem Platz anders geklungen hatte…aber Oma behauptete weiter, das Schnitzel sei ihres. Jeder Versuch, Oma davon zu überzeugen, dass sie ja Zunge mit Spargel bestellt hatte, scheiterte hoffnungslos. Über die Aussage „Ich wird doch wohl wissen, was ich bestellt habe!" schmunzelten alle ein wenig, nur Oma nicht. Sie war felsenfest davon überzeugt, Recht zu haben, und gab auch kein bisschen nach. Oma bekam das Schnitzel, das natürlich viel zu groß war, aber sie war zufrieden. Die Bemerkung „Die haben aber große Seniorenportionen hier!" brachte uns dann alle wieder zum Lachen.

Demente essen meist gerne süß. Das Erinnerungsvermögen geht in die Vergangenheit zurück, und auch der Geschmack verändert sich in Richtung Kindheit. Und was haben wir da alle gemocht? Süßes! Bittere Sachen wie Pampelmuse, bittern Tee oder Kaffee haben wir doch konsequent abgelehnt, oder? Stattdessen liebten wir Süßspeisen, Schokolade und Zuckerhaltiges.

So ist es auch bei den meisten an Demenz erkrankten Menschen. Ich erhielt folgenden Tipp von einem sehr guten Dozenten: wenn ein Dementer in fortgeschrittenem Stadium wenig isst, dann probier es mit Süßem. Streue über den Kartoffelmus Zucker, bestreiche die Bratwurst mit Marmelade oder serviere das Käsebrot mit Honig. Und dann passiert das, was wir nicht erwartet hätten: der Demente isst! Ich muss gestehen, die Vorstellung, Bratwurst mit Marmelade essen zu müssen, jagt mir schon bei dem Gedanken daran einige Schauer über den Rücken, aber ich habe es in der Praxis probiert und hatte Erfolg!

Einige Demente werden mit zunehmendem Krankheitsbild sehr unruhig und finden selbst während der Mahlzeiten nicht genug Ruhe, um sitzen zu bliben. Dadurch ist die ausreichende Nahrungszufuhr zum Teil nicht mehr möglich, und die Betroffenen verlieren schnell an Gewicht. Um ihnen dennoch genügend Nährstoffe zukommen zu lassen, hat es sich bewährt, im Raum verteilt Teller aufzustellen, auf denen sich kleine Häppchen befinden. Der Demente ist meist interessiert an dem, was er sieht, und probiert es einfach aus. Und so steckt er sich immer, wenn er an einem dieser Teller vorbeikommt, wieder ein Stück Brot in den Mund. Da trifft der Spruch „Mühsam ernährt sich das Eichhörnchen" genau ins Schwarze.

Sicher werden diese Tricks nicht bei allen Dementen funktionieren, aber wenn ich damit nur einigen helfen kann, hat sich meine Schreiberei schon gelohnt.

Hier noch ein Hinweis: im Spätstadium der Demenz kann es in seltenen Fällen so weit kommen, dass die Rückentwicklung des Betroffenen bis ins

Säuglingsalter geht. Den Erkrankten fällt es dann schwer, aus einer Tasse oder einem Becher zu trinken oder Nahrung zu kauen. Oft werden die Angehörigen dahingehend beraten, dem Dementen eine künstliche Ernährung zukommen zu lassen. In einem dieser (zum Glück seltenen Fälle) konnte dies verhindert werden, indem wir der Betroffenen die Nahrung in einer Babytrinkflasche anboten. Sie erhielt von uns angedickte Getränke, pürierte und verdünnte Kost sowie hochkalorische Drinks aus der Nuckelflasche.

    Die Flasche hielt sie mit Unterstützung einer Pflegekraft selbst in den Händen, und ihr inzwischen wieder stark entwickelter Saugreflex tat den Rest. Sie nahm zwar nicht zu, konnte ihr Gewicht aber halten. Das damit gleichzeitig gestillte Saugbedürfnis ließ die Bewohnerin ruhiger werden, und die Finger, die sie vor dieser Maßnahme oft im Mund hatte und daran lutschte(orale Phase), blieben nun weitestgehend trocken.

    Sicher benötigt man für diesen Schritt Mut, und ich gebe zu, es ist auch mir nicht leicht gefallen, einer erwachsenen Frau die Saugflasche in den Mund zu stecken. Aber in Absprache mit den Angehörigen und einem geschulten Team ist es möglich, auch das eigentlich „Unmögliche" zu probieren.

Es liegt nur an der Temperatur

Draußen war schönes Wetter. Es war Mitte Januar, und von Schnee war mal wieder weit und breit nichts zu sehen. Die Temperaturen lagen um den Gefrierpunkt, und die Sonne lachte vom strahlend blauen Himmel herunter. Das Pflegeheim, in dem ich arbeitete, hatte für diesen Tag ein Neujahrsfeuer geplant. Das Wetter war optimal, die Stimmung bestens, und die ersten Gäste waren schon da.

Die Holzscheite brannten in der Feuerstelle und wärmten die umher Stehenden, und die Bratwürste lockten mit ihrem leckeren Duft. Der Punsch wurde serviert, und die Feier war in vollem Gange.

Wir – das Personal – waren allen Pflegebedürftigen behilflich, die Würste in mundgerechte Stücke zu schneiden und waren glücklich, als alle satt und zufrieden waren.

Plötzlich stand eine Bewohnerin vor mir und wirkte irgendwie verstört. Ich wusste, dass sie bei ihrer Ernährung sehr konsequent auf Fleisch - und Wurstwaren verzichtete und extrem auf ihr Gewicht achtete.

Langsam kam sie immer näher und zupfte mich dann am Ärmel meiner Jacke. Ich fragte sie nach ihren Wünschen, und sie antwortete: „Du, ich hab noch so einen großen Hunger!". Ich wollte von ihr wissen, warum sie denn noch nichts gegessen hat, worauf sie sagte: "Naja, da vorn gibt es ja nur Bratwurst, und ich esse doch sowas nicht! Du weißt doch, ich esse nichts aus Fleisch!" Ich bot ihr an, Weißbrot und Käse zu holen, aber sie erzählte mir in diesem Moment, dass sie Paprikaschoten mitgebracht habe, um diese auf den Grill zu legen. „Na, da hast du doch was zu essen, da ist doch alles in Ordnung!", war meine Antwort.

„Nein, nichts ist in Ordnung", sprach sie. „Auf dem Grill haben die Bratwürste gelegen, und wenn ich jetzt meinen Paprika drauflege, hab ich Fett von den Würsten dran, und da nehme ich doch bestimmt zu!"

Ich musste mir ein Schmunzeln verkneifen, denn das kleine Persönchen vor mit wog wahrscheinlich nicht mal 50Kilogramm! Und machte sich Sorgen um ihre Figur! Ich schaute vorsichtig an mir runter und verglich unbewusst meine Figur mit ihrer….sie war älter als ich – schnitt im Vergleich aber besser ab….! Und mir hatte meine Bratwurst ausgezeichnet geschmeckt – und bisher hatte ich auch nicht an das Fett gedacht…aber das sollte gerade nicht mein Problem sein – wichtig war jetzt, dafür zu sorgen, dass Moni`s Magen endlich aufhörte zu knurren.

Ich überlegte hin und her, wie ich ihr den gegrillten Paprika trotz Bratwurstfett schmackhaft machen könnte – und kam auf folgende Idee:

Ich erklärte Moni, dass das Bratwurstfett nichts Schlimmes ist, dass der Paprika mit ein bisschen Fett viel besser schmecken würde und dass sie davon garantiert nicht zunimmt, solange sie die Mahlzeit nur an frischer, kühler Luft zu sich nimmt. (Schließlich wollte ich nur, dass sie endlich was zu essen bekommt – manchmal heiligt der Zweck die Mittel!)

Ein strahlendes Lächeln hielt Einzug in Monis Gesicht – sie war glücklich, und ich auch. „Du meinst, wenn ich an der frischen Luft esse, nehme ich nicht zu?" Aha, Moni zweifelte noch! Zum zweiten Mal erklärte ich ihr gestenreich, dass sie definitiv nicht zunehmen wird, denn der Körper verbraucht das eventuell aufgenommene Fett im Freien sofort wieder!

Das war für Moni eine entscheidende Aussage. Sie legte beruhigt ihren Paprika auf den Grill, und wenige Minuten später war ein zufriedenes Schmatzen hörbar. Ich fühlte mich hervorragend – hatte ich doch wieder mal einem Menschen zum kleinen Glück verholfen.

Ich war mit meinen Gedanken wieder bei meiner Arbeit, als Moni plötzlich neben mir auftauchte. Sie hatte sich ernsthaft Gedanken gemacht und fragte: „Du, sag mal, du hast doch gesagt, wenn ich an der frischen Luft esse, setzt das Essen nicht an. Ich esse zum Frühstück das Meiste – meinst du, ich bleibe schlank, wenn ich beim Frühstück das Fenster ganz weit aufmache? Da kommt doch auch frische Luft rein!"

Hoffnungsvoll schaute mich Moni an – und ich wusste nicht, was ich sagen sollte!

Ich hatte zwar mein Ziel erreicht – der Magen von Moni war gefüllt – aber nun hatte ich ein neues Problem...

Ich weiß heute nicht mehr genau, wie ich aus der Situation rausgekommen bin, aber ich schwöre: Moni musste beim Frühstück nie frieren!

Die schwere Kindheit

Wenn man alte Menschen individuell pflegen möchte, kann man auf Biografiearbeit nicht verzichten. Das bedeutet, dass man sich bei dem zu Pflegenden oder aber bei Angehörigen Informationen zum Lebenslauf des Bewohners einholt. Damit kann man besser auf Wünsche eingehen, versteht bestimmte Reaktionen oder kann frühere Hobbys wieder aufleben lassen.

Dazu führte ich mit 26 Jahren in einer meiner ersten Pflegeeinrichtungen regelmäßig Gesprächsrunden durch. Der Leser beachte hier bitte mein damals noch recht jugendliches Alter! So erfuhr ich, dass Frau Schmidt aus Ungarn kam, Frau Weniger aus der Slowakei, Frau Jahnke aus Schlesien. Das war ja mein Thema! Eine meiner beiden Omas stammte aus Schlesien, und ich fühlte mich berufen, hier intensiv mitzureden!

So sprach ich von der Vertreibung aus Schlesien, den Hungersnöten, der Entbehrung und den schwierigen Anfängen in der neuen Heimat. Schließlich kannte ich alles aus den Erzählungen meiner Oma, welche zu diesem Zeitpunkt bereits fast 80 Jahre alt war! Die sonst eher zurückhaltende Frau Jahnke blühte in dieser Stunde richtig auf – sie fragte nach dem Geburtsort meiner Oma, erzählte vom wunderschönen Riesengebirge und von den Treffen der Schlesier, an denen sie bis vor kurzem noch regelmäßig teilgenommen hatte. Sie befand sich gedanklich gerade wieder in der alten Heimat, als sie mich plötzlich mit ernster Miene anschaute und voller Mitgefühl sagte: „Stimmts, sie hat man auch als Kind aus Schlesien vertrieben!"

Peng, das hatte gesessen. Kann sich der werte Leser hier bitteschön noch einmal an mein Alter erinnern? Ja, Frau Jahnke hatte mich innerhalb von Sekundenbruchteilen um rund 50 Jahre altern lassen! Händeringend versuchte ich sie davon zu überzeugen, dass meine Oma die Vertriebene war, aber ich glaube, ihr Urteil stand fest!

Am Abend nach diesem Vorfall trug ich meine Nachtcreme besonders dick auf…

Ich war immer im stationären Bereich der Pflege tätig, aber einmal machte ich ein Praktikum in der ambulanten Pflege. Ich fuhr mit einer erfahrenen Schwester von Haus zu Haus und versorgte die Pflegebedürftigen in ihrem häuslichen Umfeld. Für einige war ich eine Sensation, denn zu manchen Menschen kommt außer dem Pflegedienst keiner mehr. So wurden mir sehr viele private Fragen gestellt – viele wollten wissen, wie alt ich sei, wo ich wohne und ob ich Kinder habe. Einige interessierten sich aber auch für meine berufliche Situation, und ich beantwortete auch diese Fragen zum wiederholten Male.

Einmal war für mich nicht ganz klar, ob die Frage privat oder beruflich war. So antwortete ich eines Tages, als ich gefragt wurde, wo ich denn herkomme, mit „Ich komme aus dem Heim!", worauf mich ein mitleidiger Blick traf und ich hörte „Oh, da hatten sie wohl eine schwere Kindheit!" Ich klärte die alte Dame auf, dass es mir als Kind wirklich nicht schlecht ging und ich freiwillig ins Heim gegangen bin – zum Arbeiten! Da nahm sie mich in den Arm, drückte mich ganz fest und sagte „Da freu ich mich aber, dass sie es schön hatten!"

Wer bin ich?

Während meiner bisherigen Arbeitsjahre arbeitete ich nicht nur bei Dementen, sondern auch bei geistig behinderten Menschen. Die meisten dieser Erkrankten sind äußerst dankbar und besonders liebenswürdig. Man hat viel Spaß und Freude mit den zu Pflegenden, und nicht selten gibt es recht komische Situationen.

So gibt es Tage, an denen man sich zum Feierabend fragt „Wer bin ich?". Wie das kommt? Ganz einfach: jeder, der im Pflegealltag tätig ist, wurde sicher schon einmal als etwas anders bezeichnet, als er selbst glaubte, zu sein. Da gibt es Bezeichnungen von „Schwesterchen", „meine Süße", „Schneckel" bis hin zu „blöde Kuh", „altes Schwein" und ähnliches. Manchmal kennt man den Auslöser für solche Sprüche, manchmal aber auch nicht.

Aber ich will ja nicht jammern - über das meiste kann man herzlich lachen. So las ich eines Morgens im Pflegebericht, dass Günter nachts mal wieder nicht richtig schlafen konnte und der weiblichen Nachtwache hin und wieder Gesellschaft leistete. Dabei nannte er sie „meine Fürstin" und „schöne Frau". Gerade, als ich zu meinen Kolleginnen sagte „Ich bin mal gespannt, was wir da heute für ihn sind!", erschien Günter und sagte „Guten Morgen, ihr landwirtschaftlichen Genossenschaftsbauern!".

Aha – Genossenschaftsbauern! Heute würde es also nicht zur Großfürstin reichen! Naja, morgen ist auch noch ein Tag, vielleicht kann ich ja in der Hierarchie steigen!

Aber es ist nicht immer so, dass wir als Personal von den Bewohnern anders bezeichnet werden, als wir es gerne hätten. Auch wir haben unsere Tricks und schlüpfen manchmal in andere Rollen.

Vor vielen Jahren pflegte ich eine hochbetagte Dame, die im Alter an Demenz und Wahnvorstellungen litt und zusehends ihr Augenlicht verlor. Aufgrund dieser Erkrankungen war sie extrem unsicher und ängstlich geworden. Eines Morgens sagte sie zu mir „Du, guck mal, da hinten, an der Treppe, da kommen schon wieder die schwarzen Frauen rein, die machen mir Angst!". Ich schaute in die von ihr beschriebene Richtung, aber außer einer zart getönten Wand sah ich nichts. Da ich nicht sofort reagierte, rief sie wieder „Da hinten, siehst du das nicht. Die schwarzen Frauen, die kommen die Treppe hoch! Du musst die Polizei holen! Hol schnell die Polizei!". Ich sah, wie die Frau litt und wollte nur noch eines: helfen!

Ich nahm mein Telefon, tat so, als ob ich eine Nummer wählte (wie gesagt, die Dame sah schon recht schlecht!) und sprach „Hallo, Polizeidienststelle, ich muss einen Einbruch melden - bei Frau Winter - bitte kommen sie schnell her und holen sie die schwarzen Frauen von der Treppe – die haben hier nichts zu suchen!"

Erleichterung machte sich im Gesicht von Frau Winter breit – ich nahm sie ernst und sie fühlte sich verstanden! Meistens vergisst ein Dementer recht schnell, was er eigentlich wollte, und so dachte ich, das Problem sei gelöst. Frau Winter dachte anders als ich – sie hatte dieses Mal nicht so schnell vergessen wie sonst und wusste sehr wohl, dass ich die Polizei angerufen hatte! Jetzt fragte sie mich im Minutentakt, wann denn die Polizei nun endlich käme! Da war es – mein nächstes Problem! Aber ich wäre falsch in meinem Beruf, wenn ich mir nicht auch hier zu helfen wüsste!

Ich schnappte mir den nächsten männlichen Kollegen, zog ihm eine grüne Jacke an, setzte ihm eine grüne Wollmütze auf und erklärte ihm, dass er jetzt ein Polizist sei und einen Einbruch aufklären müsse. Der Kollege war nett und spielte mit. Er trat an das Bett der Bewohnerin und stellte sich als Polizeiobermeister Müller vor, der von mir angerufen worden sei und nun die schwarzen Frauen abführen würde, die sich ohne Erlaubnis auf der Treppe angeschlichen hatten.

Glücklicherweise waren die Beleuchtung im Zimmer sowie die Augen von Frau Winter schlecht – sie glaubte den Schwindel! Erleichterung machte sich in ihrem Gesicht breit! Es war ein Mann von Amt und Würden da und nahm sich ihres Problems an. Der falsche Polizist forderte die schwarzen Frauen auf, das Zimmer mit ihm zu verlassen und verabschiedete sich von Frau Winter. Um dem ganzen noch mehr Nachdruck zu verleihen, rief ich dem „Polizisten" und den fremden Damen an der Zimmertür hinterher „Verschwindet, und lasst euch hier nie wieder sehen!".

Frau Winter war äußerst zufrieden mit dem „netten Polizisten" und der schnellen Klärung ihres Problems. Ich verließ ihr Zimmer, zog die Tür ins Schloss, drehte mich um und erschrak. Da stand Herr Zimmermann, schaute mich aus großen Augen an und sagte „Schwester Petra, ich kam gerade hier vorbei und hab sie laut rufen hören, dass die Leute hier verschwinden sollen und sich nie wieder hier blicken lassen sollen – aber da war doch gar niemand – wen haben sie denn gemeint?".

Als ich nun auch noch anfing, laut zu lachen, wusste Herr Zimmermann gar nicht mehr, was er davon halten sollte. Ich erklärte ihm die Situation, und wir haben im Laufe der folgenden Jahre noch oft gemeinsam über diesen Vorfall gelacht!

Das Pflege-Wir

„Was mag das nur sein?", werden sich jetzt einige fragen. Alle, die als Pflegekräfte arbeiten, dürften den Begriff kennen. Oder zumindest das, was dahinter steckt:

Im Pflegealltag trifft man oft auf Menschen mit eingeschränkter Gedächtnisleistung. Ob man will oder nicht – irgendwann fängt man an, die eigene Sprache an sein Gegenüber anzupassen. Das lässt sich auch andernorts recht gut beobachten, z.B. wenn jemand in einen Kinderwagen sieht und plötzlich anfängt, in Kleinkindsprache zu kommunizieren:"Na, eideidei, ja feini, feini, machst du heia, heia!" – Wie soll ein Kind jemals die richtige Sprache lernen, wenn es den ganzen Tag nichts anderes hört?

Aber zurück zur Pflege! Wie gesagt, man passt sich in Ausdruck und Inhalt seinem Gegenüber an, was ja auch richtig gut sein kann, vor allem bei Dementen. Das besagte „Pflege-Wir" holt uns Pflegekräfte aber auch bei Nicht-Dementen ein. Wie schnell formuliert man Sätze wie „Erst gehen wir frühstücken, und danach beziehen wir das Bett neu!"; „Na, wie haben wir denn heut geschlafen?" oder „Was haben wir denn heute zum Mittagesen bestellt?".

Ich gestehe: auch mir passiert es immer wieder, dass ich ins „Wir" übergehe. Das ist sicher nicht schlimm, weil es doch irgendwie eine Verbundenheit zum Bewohner darstellt („Wir schaffen das gemeinsam!"), aber es ist nicht richtig!

Besonders bewusst geworden ist mir das vor vielen Jahren in folgender Situation: ich war an jenem Morgen für Frau Müller zuständig. Das hieß, viel Zeit einplanen, denn Frau Müller kam nur schwer aus dem Bett. Ich war also auf alle Eventualitäten vorbereitet, klopfte und betrat das Zimmer. Doch kaum hatte ich die Tür einen Spalt breit geöffnet, zuckte ich zurück, denn damit hatte ich nicht gerechnet: Frau Müller stand freudestrahlend im Eingangsbereich ihres Zimmers und wartete schon auf mich (oder auf wen auch immer!). Ich erwiderte ihr Lächeln und sagte „Na, da sind sie heute aber schon zeitig munter!", worauf Frau Müller sagte:"Ja, ich hab doch heute meinen Badetag, da dachte ich, ich steh schon mal auf!". `Super`, dachte ich, `da geht's doch schneller als gedacht!`(Wer in der Pflege arbeitet, kann diesen Satz sicher verstehen!).

Bevor wir uns auf den Weg zur Badewanne machten, öffnete ich Frau Müller das kleine, zu ihrem Zimmer gehörende Bad und sagte „Na, vorher werden wir noch auf die Toilette gehen!", worauf sie spontan fragte „Sie oder ich zuerst?". Damit hatte ich nicht gerechnet! Aber sie hatte ja Recht! Ich hatte deutlich zum Ausdruck gebracht, dass „wir" vor dem Baden noch aufs Klo gehen, und sie wollte einfach nur nett sein und die Reihenfolge klären!

Ich muss immer wieder schmunzeln, wenn uns die Pflegebedürftigen mit ihren Antworten eine Art Spiegel vors Gesicht halten, und man sich dadurch erst bewusst wird, was man gesagt oder getan hat! Es ist eben ein Geben und ein Nehmen….